AF224613

# MARIAGE MYSTÉRIEUX

## DE

# NAPOLÉON

### Par E. NOTVICH



PARIS
IMPRIMERIE DIDIER DAUBOURG
99, Boulevard Beaumarchais, 99
1882

# MARIAGE MYSTÉRIEUX

## DE

# NAPOLÉON

# PRÉFACE

Les mystères qui vont se dérouler sous les yeux de nos lecteurs nous ont été donnés par l'héritier d'un grand personnage, qui doit jouer dans cette histoire un rôle très-important. Il est regrettable que ce personnage, en écrivant le journal quotidien de sa vie, n'ait pas eu assez de talent pour en faire ressortir un grand roman.

Nous le ferons donc paraître tel qu'il a été écrit, par la main de l'auteur, étant persuadés que plus il sera textuel, c'est-à-dire exempt de tout commentaire, plus il sera intéressant de le lire

# MARIAGE MYSTÉRIEUX

## DE

# NAPOLÉON

Au mois d'août 1812, à l'époque où la France, par sa grandeur, sa puissance, son courage, sa bravoure, a dépassé tous les Royaumes et Empires précédents, a surpassé même l'époque d'Alexandre Macédonien, le grand conquérant de l'Univers ; malgré que l'histoire existe depuis des centaines de siècles, jamais elle ne nous a donné d'exemples d'un peuple qui soit arrivé à une telle grandeur et à un règne semblable, montant si rapidement. Il est vrai de dire qu'il y avait à la tête du gouvernement l'Empereur Napoléon Ier, qui était reconnu par tout l'Univers pour un génie exceptionnel de tous temps et siècles.

Pour aboutir à un but, il n'existait pas d'obstacles pour cet homme, ce qu'il désirait il le faisait malgré tout; il ignorait l'impossible.

Dans l'espace d'une dizaine d'années toute l'Europe fut conquise par lui; mais, étant poussé par une soif d'ambition et de vanité, il prétendait outre tout cela imposer des lois à l'Empereur de Russie, Alexandre Ier.

Ne recevant pas satisfaction de ses volontés, c'est alors qu'il lui déclara la guerre et qu'il franchit la frontière de Pologne, se dirigeant sur le cœur de la Russie, avec une armée d'environ un million cinq cent mille soldats aguerris et familiers aux batailles et desquels le courage et l'héroïsme se déployaient à l'idée de mourir sous les ordres de leur Empereur adoré.

La nation polonaise flattée et rassurée par les promesses de Napoléon, lui donnant à espérer la rentrée dans les droits qu'elle avait avant le premier partage fait entre la Russie, la Prusse et l'Autriche, recevait partout les Français comme les libérateurs de la patrie, et Polonais et Polonaises sacrifiaient tout pour la réussite du projet.

Dans toutes les villes et campagnes, les

Polonais recevaient l'armée française à bras ouverts et partageaient tout ce qu'ils possédaient avec elle; à son passage, tout le monde dressait des arcs-de-triomphe et jetait des fleurs sur toutes les routes qui devaient voir passer cette armée, les villes étaient en joie et fête; les princes, les comtes, enfin toute la noblesse, allait au devant, c'était à celui qui ferait le mieux pour lui rendre hommage; ils s'enviaient mutuellement le plaisir et l'honneur de voir passer la grande armée dans leurs biens, et la place sur laquelle reposait la tente de Napoléon était regardée comme place sainte.

Les Polonaises ne restaient pas indifférentes non plus à tout cela et quoique leurs maris, leurs frères, leurs pères entreprissent, elles prenaient leur part, c'était un grand honneur et une grande joie pour elles de voir l'Empereur français, de lui parler; de le recevoir chez soi c'était pour elles le plus grand bonheur.

Les troupes françaises se dirigeant sur Moscou, prirent le chemin le plus court à travers Smolensk et furent obligées de passer la rivière Boug qui se trouvait barrer la route; étant très-large, très-profonde et ayant un courant très-rapide elle ne leur permit pas de la traverser à la nage, elles furent forcées de faire halte et de faire des ponts, ce qui demanda beaucoup de temps.

Napoléon, mécontent des proportions et du temps perdu que ce passage occasionna à l'armée en restant sur place, voulut prendre part personnellement dans les préparatifs de cette traversée.

La place où le passage devait s'effectuer s'appelait Radsine, c'était un endroit magnifique, peut-être le plus beau de toute la Pologne.

Le parc de chênes anglais était vieux et orné de plusieurs bosquets et pavillons antiques de différents styles et travaillés par diverses mains architecturales; les bordures des allées étaient plantées de fleurs, d'arbres gigantesques et l'eau limpide de plusieurs lacs serpentait à divers endroits.

Des fontaines splendides entouraient ce beau château qui autrefois servit de résidence au Roi de Pologne; en un mot, le confort, le goût étaient partout, çà et là on trouvait des places rêveuses et désertes, le pied du château se baigne langoureusement dans le beau fleuve du Boug où donne la façade principale de ce vieux domaine, qui appartenait à la plus ancienne famille de Pologne qui descendait du dernier Roi.

La représentante de cette famille était une vieille femme âgée de 56 ans, aux cheveux blancs, mais qui avait gardé les restants d'une grande beauté. Malgré son âge, sa figure était très-sympathique, son nez régulier, son front un peu grand mais ouvert faisait voir qu'il avait beaucoup pensé dans la vie et vraiment la vieille princesse Betzkaïa avait beaucoup souffert des malheurs de famille, mais étant une créature très-sainte elle les attribuait à la volonté de Dieu.

Dans son jeune âge elle épousa un homme qu'elle adorait et qui était très-haut placé aux yeux du gouvernement russe; tout en faisant le bonheur de la princesse, il était pour elle la cause d'un chagrin permanent, car elle le voyait quotidiennement dépérir, ravagé par une grave maladie qui ne se guérit pas, de la phthisie qui est héréditaire et infailliblement mortelle.

Après la perte de son mari adoré elle tomba longuement malade, le médecin de la famille ne conservait qu'un faible espoir, surtout dans la position de la princesse qui devait être mère quelques jours plus tard.

Enfin le jour de la délivrance arriva et elle donna le jour à une belle héritière; mais, hélas! le malheur pour la pauvre mère ne devait pas s'arrêter car, à la suite de ses couches, elle perdit la faculté des jambes.

Elle devint triste et langoureuse, mais l'amour qu'elle avait pour son mari se reporta bien vite sur sa fille qu'elle voyait grandir et prendre chaque jour plus de ressemblance avec son père.

C'était déjà une grande et belle demoiselle qui faisait la joie du château, mais la princesse malgré tous ses chagrins et malheurs n'avait pas changé ses haines vis-à-vis de la Russie son ennemie, elle continuait à être Polonaise effrénée et en parlant de sa patrie ses jolis yeux brillaient d'une haine foudroyante.

On peut juger par ces sentiments de mépris à l'égard de la Russie, avec quelle joie elle accueillit la nouvelle de l'arrivée de Napoléon I<sup>er</sup> dans son château, elle ne cessait d'exprimer hautement sa satisfaction à cet égard à sa fille âgée alors de dix-neuf ans, citée partout comme une beauté parfaite : son teint d'un rare éclat, ses cheveux d'un noir de geai, ses yeux d'une touchante expression, sa nature décisive et ardente, son nez d'une grande régularité, sa bouche petite et ses lèvres vermeilles, sa taille grande et svelte, sa santé délicate, telle était notre jeune et belle princesse Jadvig, seule héritière et représentante de la maison des rois polonais et inséparée de sa mère depuis sa naissance, elle avait été bercée et élevée dans les mêmes convictions et sentiments qu'elle.

A la pointe du jour tout le monde était déjà assemblé dans le parc du château pour saluer l'arrivée de l'Empereur et le féliciter, c'était une vraie fête pour les habitants, chacun s'était paré de son plus beau costume national, ce qui formait un groupe digne du pinceau d'un peintre, surtout en tenant compte de la noblesse de laquelle chaque maison différente était entourée de ses gens.

La vieille princesse se faisait porter sur un palanquin par ses valets, vêtus d'habits à ses armes, accompagnée de son médecin d'un côté et de sa fille bien aimée de l'autre.

La belle Jadvig était costumée d'une robe de satin blanc, dans ses noirs cheveux des perles fines miroitaient aux rayons du soleil; sa beauté attirait l'attention et la contemplation générales.

Vers les quatre heures de l'après-midi l'Empereur Napoléon, accompagné du maréchal Murat, de son aide de camp Taleyrand et escorté d'une grande suite, arriva au château; tout le monde se mit à crier: « Vive l'Empereur! » et à jeter des fleurs sur son passage.

Après avoir donné ses ordres, Napoléon reçut l'invitation de la vieille princesse, car c'était à elle que revenait cet honneur, étant la plus âgée et la plus ancienne de toute la noblesse polonaise.

Cette invitation a été reçue par l'Empereur avec beaucoup d'amabilité et d'un air très-sympathique; il s'est rendu dans le château immédiatement avec toute sa suite, où un dîner avait été organisé en son honneur sur une magnifique pelouse entourée de fontaines comme il n'en existe plus, donnant d'un côté sur la rivière et de l'autre sur la façade principale du vieux château et où s'élevait une magnifique tente préparée pour cette fête, décorée de drapeaux polonais et français reliés par des guirlandes de fleurs ; dans l'intérieur tout était verdure, parmi laquelle on remarquait des palmiers antiques et gigantesques, ce qui faisait un effet resplendissant.

La table était dressée et on remarquait la lettre N en l'honneur du convive impérial ; le service or et argent avait été recherché parmi les plus rares venant des rois de Pologne, il y avait des travaux de célébrités du moyen âge telles que de Benvenuto Cellini et autres.

Les grands maîtres d'hôtel et les domestiques en livrée aux armes de la princesse ayant chacun à sa droite, selon l'usage du siècle, un grand gaillard habillé en costume national, en satin de couleur cerise jaune et vert garni de duvet blanc, enfin la splendeur né cédait en rien à celle d'autrefois sous le règne de Louis XIV.

Napoléon, assis d'un côté de la table, ayant à sa droite la vieille princesse puis son aide de camp Taleyrand, à sa gauche la belle Jadvig et le cavalier le plus galant de toute la France, le maréchal Murat, ainsi que toute la première noblesse.

La gaîté et l'enthousiasme régnaient dans toute la société, Napoléon surtout était très-animé, ainsi que la belle Jadvig; elle ne perdait pas une parole.

Le diner ne dura pas longtemps, malgré l'étiquette, car la vieille princesse ne voulait en rien contrarier les habitudes de Napoléon.

A la fin du diner toute la société se leva faisant mille souhaits, criant vive l'Empereur! Ce dernier s'inclinant en signe de remerciement, prononça quelques paroles par lesquelles il disait que malgré toute sa satisfaction de rester en bons rapports avec Alexandre I$^{er}$, Empereur de Russie, la politique de ce dernier ne lui donnait pas à espérer de solution pacifique et que pour ce qui concernait la Pologne, son désir était de lui rendre ses libertés et ses droits d'auparavant, qu'il profitait de cette occasion pour porter un toast à la santé de la vieille princesse et de la belle Jadvig, représentantes de la noblesse polonaise.

La belle Jadvig très-émue se mit à pâlir; l'émotion fut si grande qu'elle faillit s'évanouir mais, Murat, avec l'habileté et la galanterie que nous lui connaissons, ne laissa pas échapper ce trouble, vint au secours de la belle jeune fille et avec adresse détourna la société de ce petit incident.

Tout cela terminé la vieille princesse se retira selon son habitude dans ses appartements, il lui fallait pour sa santé ébranlée et d'après les ordonnances des hommes de science les soins les plus méticuleux.

En se retirant et suivant ses instances elle  çut de Napoléon l'affirmation qu'il disposerait de son château à ses gré et besoin.

Le digne hôte choisit comme résidence de passage le pavillon le plus modeste et le plus éloigné du château qu'il trouva, puis il s'y retira pour s'occuper des plans et des ordres à transmettre à son armée.

A neuf heures du soir Napoléon avait quitté le pavillon, il se promenait, marchant tête baissée et paraissait très-préoccupé; qui pourrait détailler les pensées de ce grand homme, peut-être admirait-il la beauté de ce parc éclairé par la douce lumière de la lune; peut-être pensait-il à ses victoires passées et futures, nul ne saurait le dire. Il en était là de ces réflexions, quand la princesse Jadvig rentrant de sa

promenade journalière le vit, elle fut trè<br>
surprise de son air si pensif, profitant de c<br>
qu'il ne la voyait pas, elle tourna douce-<br>
ment dans une allée parallèle, Napoléon<br>
s'en aperçut, il s'approcha d'elle et vit<br>
dans ses yeux un éclair de joie étinceler,<br>
le hasard seul avait guidé la jeune fille dans<br>
cette rencontre; la beauté et la fraicheur<br>
de la princesse étaient loin de déplaire à<br>
Napoléon, au contraire, il éprouvait un<br>
sensible plaisir à voir cette jeune fille, il<br>
s'étonnait lui, l'homme des voyages, de ne<br>
jamais avoir rencontré une pareille beauté.

Dès son arrivée il fut frappé de ce beau<br>
modèle, pendant le dîner ses regards se<br>
sont souvent portés sur elle, ce qui nous<br>
fait donc supposer, puisque les idées de cet<br>
homme ne sont pas apparentes, que les<br>
réflexions de sa promenade étaient portées<br>
sur la jeune fille et que peut-être son désir<br>
était de la rencontrer.

Bref, quand il la vit il s'approcha d'elle<br>
très-respectueusement et lui offrit son bras,<br>
la jeune fille se sentant heureuse et hono-<br>
rée, n'eût pas la moindre idée d'hésitation<br>
et sans défense lui accorda.

Quel fut le sujet de leur entretien, nous

l'ignorons, seulement nous pouvons dire que la princesse était trop belle pour ne pas inspirer les meilleurs sentiments de respect.

Malgré cela Napoléon devint amoureux; la conversation était très-gaie, mais la princesse s'apercevant de la chaleur des paroles du grand homme se retira avec un tact qui n'appartient qu'à elle seule et rentra au château.

Le lendemain même promenade; seulement cette fois notre amoureux devient plus pressant, il fait une cour en règle et très-assidue, faisant beaucoup de promesses. La belle Jadvig très-impressionnée des sentiments qu'elle inspirait à Napoléon, malgré l'amour qu'elle sentait vibrer, car c'était son premier, resta ferme en apparence, lui disant que s'il consentait à lui donner la liberté d'agir et d'écouter ses conseils, tout s'arrangerait pour le mieux, c'est-à-dire le mariage secret, ce qu'elle supposait impossible pour Napoléon, cependant que pour son amour et son orgueil il lui fallait cette preuve d'attache.

Napoléon était un homme d'une nature ardente et passionnée, ne s'arrêtant devant rien pour satisfaire ses goûts quels qu'ils soient.

Après maintes promesses il donna son consentement pour le mariage secret qui devait se faire au plus vite.

La belle Jadvig la nuit venue fit ses préparatifs pour la noce, fit appeler le prêtre qui l'avait vu naître et élever et lui donna ses ordres pour le lendemain.

Le 8 août, l'an 1812, à six heures du soir, en la chapelle du château fut célébré le mariage qui unissait l'Empereur Napoléon I<sup>er</sup> avec la belle princesse Jadvig, la seule descendante des Rois Polonais.

Le maréchal Murat et le docteur de la famille furent seuls témoins de cette union secrète; la vieille princesse toujours souffrante était déjà rentrée dans ses appartements.

Les nouveaux époux paraissant tous deux très-heureux, rentrèrent dans leur chambre nuptiale qui était celle de la belle Jadvig.

Plusieurs jours se passèrent ainsi, juste le temps nécessaire à l'armée pour préparer ses ponts pour le passage sur l'autre rive; mais le jour arriva où il fallut se séparer, ce fut bien difficile car ils s'aimaient mutuellement d'un amour sincère, jamais

Napoléon n'avait porté autant d'amitié à aucune femme, aussi aurait-on pu croire que c'était ses premières amours.

La belle Jadvig, avec l'habileté d'une vraie Polonaise, avait su allumer d'un feu ardent ce grand cœur et le maintenir malgré sa nature capricieuse.

La destinée devait décider un tout autre sort pour les deux époux; Napoléon passa trois semaines avec sa femme; le secret fut bien gardé, personne n'avait l'idée ni moindre soupçon du mariage, les jeunes mariés restaient tout le temps ensemble, à part les quelques heures que Napoléon se réservait pour donner les ordres du passage de la rivière à son armée.

Le passage opéré, l'Empereur donna ordre à Murat de marcher sur Smolensk et resta encore deux jours près de sa femme bien aimée qui ne pouvait se décider à se séparer de lui, enfin il fallait un terme à cela et Napoléon prêt de partir, il fut décidé, que dès qu'il arriverait à Moscou où il espérait signer la paix avec les Russes, il la ferait venir le rejoindre pour lui assigner la place et le rôle dignes d'elle.

Ayant dans cet intervalle reçu de Murat la

nouvelle qu'il avait rencontré l'armée russe près de Smolensk. Napoléon, malgré la peine qu'il éprouvait de quitter sa femme et poussé par la soif des combats se résigna et partit rejoindre Murat en recommandant bien à Jadvig de rester et d'attendre jusqu'à ce qu'il arrive à Moscou.

Aussitôt le départ de Napoléon la belle Jadvig devint très-triste et cependant cette tristesse était atténuée par l'amour pour sa patrie.

Elle croyait que tout marcherait pour le mieux et que dans quelques semaines Moscou serait aux mains de Napoléon; sa patrie-royaume, elle resterait toujours près de son cher et tendre époux, son unique bonheur, son rêve de chaque heure.

Ces idées d'avenir adoucissaient l'amertume et l'isolement auxquels elle était livrée, étant complètement éprise de lui.

Elle supposait bien qu'il y aurait une bataille du côté de Smolensk et que son mari risquerait sa vie plus qu'un autre étant par sa bravoure toujours poussé en tête de son armée, qu'il était exposé à tous les hasards de la guerre; elle ne put, malgré toutes les recommandations de Napoléon, se retenir de l'élan qui la poussait à voir encore une fois l'homme qu'elle chérissait.

Depuis que cette idée était venue travailler sa jolie tête, elle n'avait plus de tranquillité, il fallait à tout prix accomplir cette combinaison.

Le soir même elle dit à sa mère qu'elle partait à Varsovie, fit ses préparatifs pour partir à l'aube du lendemain se dirigeant vers Smolensk.

En ce moment l'Empereur Napoléon n'avait à Smolensk qu'une armée d'environ deux cent mille hommes et, n'ayant pas la patience d'attendre celle en marche pour le rejoindre, il ouvrit les hostilités contre l'armée russe et dirigea comme à l'habitude la bataille par lui-même. Après un combat de vingt-deux heures près de cette ville il parvint à rejeter l'armée ennemie à une distance assez éloignée de Smolensk laquelle dut se retirer avec de grandes pertes près de Borodino.

La belle Jadvig arrivant après le combat, le premier français qu'elle rencontra fut Murat, très-étonné de la voir arriver dans cette place; il dut, pour exaucer ses prières, la conduire à la maison qu'occupait l'Empereur; il la devança pour annoncer cette nouvelle à Napoléon qu'il connaissait très-brusque avec ceux qui n'exécutaient pas formellement ses ordres.

L'Empereur la reçut avec un peu de froideur; mais la belle Jadvig savait si bien le prendre, puis lui exposa avec un tel esprit les motifs qui l'avaient forcée de contrarier les désirs de Napoléon, qu'il devint subitement heureux et ravi de revoir sa belle et digne épouse.

La maison qui a eu l'honneur d'abriter la personne impériale pendant ce passage est encore aujourd'hui intacte et peut rester comme mémoire, du reste elle est conservée dans ce sens.

Il resta huit jours sous ce toit en attendant le reste des soldats qui devaient compléter son armée et avec laquelle il comptait anéantir celle des russes à Borodino, profiter de la défaite de toute leur armée, pour marcher rapidement sur Moscou l'occupait et, à ce point, il supposait mettre fin à la guerre espérant que ces défaites suffiraient à Alexandre Ier, ainsi qu'au peuple russe. Jadvig était des plus heureuses d'être en possession de son époux, une quelques jours lui parurent comme un doux rêve; le jour vint de se séparer encore une fois, Napoléon lui recommanda chaudement de retourner au château et d'y rester jusqu'au jour où il lui enverrait de Moscou l'ordre de venir sous escorte d'une troupe, surtout qu'elle prenne grand soin de sa santé qui désormais était le bonheur de sa vie.

Malheureusement Napoléon se trompa sur l'issue du combat de Borodino qui lui apprit qu'il aurait à faire avec l'armée russe plus qu'il ne pensait ; les pertes françaises furent très-grandes, il est vrai que la moitié de l'armée ennemie fut anéantie par Napoléon, tandis que l'autre moitié reculant devant le combat décisif ne se retranchait pas comme il l'avait supposé tout d'abord, au contraire elle recevait des renforts frais quotidiennement et par cette tactique forçait Napoléon d'avoir son armée concentrée dans une place, ce qui paralysait la rapidité sur laquelle il avait compté opérer.

Enfin en s'approchant de Moscou il croyait livrer bataille, mais que ne fut son étonnement quand la nouvelle lui vint que l'armée russe avait abandonné Moscou et se retirait assez loin de cette ville, la laissant vid\u0027u- libre pour l'entrée des troupes françaises.

Il pensait tout d'abord que la paix serait signée dès que Moscou serait en sa posses- sion, mais personne ne songeait à la paix, il crut un moment qu'il serait reçu à Moscou par les députés des Boyars-Russes, et cependant personne ne vint à sa rencontre.

Napoléon est entré à Moscou et s'est in- stallé au Kremlin dans le palais habité seu- lement par les impériaux russes durant les fêtes du couronnement.

Le même jour de l'entrée de l'armée fran- çaise : incendies, explosions, etc., commen- cèrent à chaque instant dans des places nouvelles, ce qui dérangeait considérable- ment l'armée et ne lui permettait pas de prendre aucun repos.

Quand les explosions arrivèrent jusqu'au Kremlin, Napoléon crut que toute la ville était minée et résolut de quitter Moscou.

Les froids commençaient à être très-rigou- reux et à faire des ravages considérables dans l'armée française, les malheureux soldats n'étaient pas acclimatés à cette tem- pérature inconnue chez nous, puis les vête- ments qu'ils avaient besoin pour soutenir une marque de thermomètre aussi basse faisaient complètement défaut.

Depuis le jour où Napoléon quitta Moscou les pertes de son armée devinrent chaque jour plus sensible, on trouvait à chaque pas les pauvres soldats mourant de froid, n'ayant que peu de forces à le supporter, étant harcelés continuellement de tous côtés par les partisans russes qui ne leur laissait ni trêve ni repos.

Tout le monde connait du reste la malheureuse fin de cette guerre, dans laquelle Napoléon perdit presque toute son armée par la gelée et fut forcé d'effectuer le passage de la Bérézina, accompagné seulement d'un petit nombre de gens qui lui étaient dévoués et qui heureusement avaient pu supporter les terribles froids de la Russie.

Après cette défaite on comprendra que Napoléon ne put tenir ses promesses envers la belle Jadvig, qui recevait toutes ces tristes nouvelles lesquelles la mettait au désespoir, sa position devenant chaque jour plus visible pour sa mère, son entourage et tout le monde; enfin, elle ne savait que faire de sa propre personne, cependant, impossible de se cacher plus longtemps.

Toutes ses espérances déçues par suite du départ de l'Empereur ne firent qu'ébranler sa santé qui déjà était si délicate; tout cela la tuait, elle ne savait que devenir puisque son séjour au château allait lui devenir impossible.

Elle décida de quitter la Pologne pour l'étranger, cette résolution fit encore grand travail sur son tempérament, à l'idée de quitter sa mère, ce vieux château où elle naquit et où elle passa toute son enfance jusqu'à ce jour.

Mais il le fallait pour son orgueil et pour sa dignité; elle partit pour Vienne (Autriche), mais le climat étant complètement contre sa santé, elle dut partir pour Venise (Italie); rendue en ce lieu, la fatigue l'avait accablée mais le beau ciel d'Italie lui permit de reprendre des forces; elle ne voulut, dès ce moment, ne vivre que pour son enfant, il était toutes ses espérances, lui, cet enfant qu'elle chérissait et qui lui avait déjà coûté tant de peines avant sa naissance.

Elle mena un genre de vie très-calme, ne pensant qu'à rétablir sa santé et oublier le plus possible toutes les vicissitudes par lesquelles elle venait de traverser.

Cependant tous les bienfaits de l'excellent climat italien ne pouvaient parvenir à corrompre la maladie qu'elle avait hérité de son père, elle continuait ses ravages sur sa proie, mais nous savons tous que les malheureux poitrinaires ne se voient jamais aussi malades qu'ils le sont en réalité et la belle Judvig ne faisait pas exception à la règle, cependant elle se sentait beaucoup plus faible et commençait à craindre la mort; elle fit appeler le vieux médecin du château qui l'avait vu élever et qui lui portait un intérêt vraiment paternel; sur son avis il arriva immédiatement et fut terrifié du changement aussi subit qui s'était opéré sur ce frêle tempérament, lui qui croyait retrouver une belle et fraîche jeune femme il la vit maigre et languissante, tellement les souffrances aussi bien morales que physiques l'avaient travaillée. Grâce aux soins assidus du docteur, sa position s'améliora un peu et ses couches eurent lieu le 17 mai de l'an 1813; elle mit au monde après les souffrances les plus aiguës un garçon bien chétif.

Le résultat de ses couches fut terrible pour elle malgré les grands soins et le déploiement de toutes les capacités du docteur; elle ne devait pas se relever, elle sut parfaitement que tout était fini pour elle et prit la résolution dans cette perspective d'adresser une dernière prière au vieux docteur, lui demandant de faire élever son fils, de veiller à son éducation complète et de ne jamais lui révéler sa naissance, surtout de ne pas l'instruire du nom de son auguste père, craignant que ça lui porte malheur.

Le vieux docteur fut très-ému de la mort de la belle Jadvig, car il avait pour elle les mêmes sentiments qu'il eût eu pour son propre enfant. Il la fit enterrer dans la plus belle place qu'il put trouver et la fit reposer sous un magnifique monument à l'ombre d'un saule pleureur.

Le docteur s'étant engagé vis-à-vis de la jeune mère à prendre soin de son enfant, retourna au château avec ce bébé qui fut baptisé dans la même chapelle où eut lieu le mariage de son infortunée mère et, d'après le désir de la mourante, il fut appelé Stanislas comme s'appelait le dernier roi de Pologne.

Le petit Stanislas se porte très-bien et ne

laisse rien de mieux à désirer que de faire la joie du vieux médecin.

Grâce aux soins tous dévoués du docteur, Stanislas atteint l'âge de neuf ans, on le plaça au gymnase où il était désigné comme le premier élève, ses maîtres étaient satisfaits et étonnés de ses capacités précoces pour les sciences.

Mais malheureusement il n'eut pas suffisamment de patience pour subir les examens, malgré tous les conseils et prières du docteur qu'il envisageait cependant comme son père.

A 17 ans, il fut entraîné par ses camarades, qui l'engagèrent à prendre part dans le bataillon formé de toute la jeunesse aristocratique de la Pologne pour se battre contre les Russes.

Stanislas ayant montré dans plusieurs combats son courage sans bornes, fut choisi et nommé par tous ses amis chef de ce bataillon.

En qualité de chef très-capable pour manœuvrer contre les troupes russes, puis la ressemblance frappante avec son père lui valut plus d'une fois le nom de Petit Napoléon, par ses compagnons d'armes, ce qui le flattait beaucoup.

Une fois la Révolution calmée tous les polonais qui avaient pris part aux différents combats durent s'expatrier; Stanislas partit en Hongrie où l'on faisait des préparatifs pour la guerre contre les autrichiens.

Il eut le commandement d'un régiment hongrois et sa conduite fit la gloire de l'armée.

Après cette dernière guerre il se retira en Roumanie où il acheta une belle propriété.

Au mois d'octobre 1861, il se maria avec une jolie hongroise, fille d'un général, et fit un ménage très-heureux.

Le 28 juin de l'an 1862 naquit un fils de cette union, que l'on nomma César.

Mais la nouvelle Révolution en Pologne contre les russes attira de nouveau Stanislas, cette fois il fut investi du commandement de plusieurs détachements et au commencement de la bataille près de Bengrod il fut tué le 22 avril 1863.